BEI GRIN MACHT SICH IHR WISSEN BEZAHLT

- Wir veröffentlichen Ihre Hausarbeit, Bachelor- und Masterarbeit
- Ihr eigenes eBook und Buch - weltweit in allen wichtigen Shops
- Verdienen Sie an jedem Verkauf

Jetzt bei www.GRIN.com hochladen und kostenlos publizieren

Bibliografische Information der Deutschen Nationalbibliothek:

Die Deutsche Bibliothek verzeichnet diese Publikation in der Deutschen Nationalbibliografie; detaillierte bibliografische Daten sind im Internet über http://dnb.d-nb.de/ abrufbar.

Dieses Werk sowie alle darin enthaltenen einzelnen Beiträge und Abbildungen sind urheberrechtlich geschützt. Jede Verwertung, die nicht ausdrücklich vom Urheberrechtsschutz zugelassen ist, bedarf der vorherigen Zustimmung des Verlages. Das gilt insbesondere für Vervielfältigungen, Bearbeitungen, Übersetzungen, Mikroverfilmungen, Auswertungen durch Datenbanken und für die Einspeicherung und Verarbeitung in elektronische Systeme. Alle Rechte, auch die des auszugsweisen Nachdrucks, der fotomechanischen Wiedergabe (einschließlich Mikrokopie) sowie der Auswertung durch Datenbanken oder ähnliche Einrichtungen, vorbehalten.

Impressum:

Copyright © 2018 GRIN Verlag
Druck und Bindung: Books on Demand GmbH, Norderstedt Germany
ISBN: 9783346045034

Dieses Buch bei GRIN:

https://www.grin.com/document/498406

Candy Konz

Strategischer Wandel bei der Gesundheits- und Medizintechnik AG

GRIN Verlag

GRIN - Your knowledge has value

Der GRIN Verlag publiziert seit 1998 wissenschaftliche Arbeiten von Studenten, Hochschullehrern und anderen Akademikern als eBook und gedrucktes Buch. Die Verlagswebsite www.grin.com ist die ideale Plattform zur Veröffentlichung von Hausarbeiten, Abschlussarbeiten, wissenschaftlichen Aufsätzen, Dissertationen und Fachbüchern.

Besuchen Sie uns im Internet:

http://www.grin.com/

http://www.facebook.com/grincom

http://www.twitter.com/grin_com

Deutsche Hochschule für
Prävention und Gesundheitsmanagement
Hermann Neuberger Sportschule 3
66123 Saarbrücken

Einsendeaufgabe

Fachmodul: Strategische Unternehmensführung II

Studiengang: MPGM

**Datum
Präsenzphase:** 17.12. – 20.12.2018

Matrikelnummer: 164727

Name, Vorname: Konz, Candy

Studienort: **München**

Semester: **SS 2018**

Inhaltsverzeichnis

1 **BODO MÜLLERS PLAN** 4

   1.1 Gründe für den Wandel in der Gesundheits- und Medizintechnik AG 4

   1.2 Aspekte des Strategiewandels des Bodo Müllers 4

   1.3 Barrieren und Widerstände 5

      1.3.1 Barrieren 5

      1.3.2 Widerstände 6

2 **CHANGE-MANAGEMENT** 6

   2.1 Gründe für das Scheitern 6

   2.2 Veränderungen meistern 8

3 **STRATEGIEIMPLEMENTIERUNG** 10

   3.1 Durchsetzung (Verhaltensbezogene Aufgaben) 10

   3.2 Umsetzung (Sachbezogene Aufgaben) 11

4 **BALANCE SCORECARD** 12

   4.1 Ursache – Wirkungskette 12

   4.2 Festlegung Ziele, Kennzahlen, Vorgaben und Maßnahmen 12

5 **UNTERNEHMENSETHIK** 14

   5.1 Praxisbeispiel „Coca-Cola – Bezahlung von positiven Studien" 14

   5.2 Unternehmenswerte Coca-Cola 14

   5.3 Wertebruch - Diskussion 14

   5.4 Konsequenzen 15

      5.4.1 Interne Stakeholder 15

      5.4.2 Externe Stakeholder 16

6 **LITERATURVERZEICHNIS** 17

7 ABBILDUNGS- UND TABELLENVERZEICHNIS 18

7.1 Abbildungsverzeichnis 18

7.2 Tabellenverzeichnis 18

1 Bodo Müllers Plan

1.1 Gründe für den Wandel in der Gesundheits- und Medizintechnik AG

Die Gründe für den strukturellen Wandel sind in ihrer Gesamtheit auf die immer schärfer werdende Ökonomie zurückzuführen. Krankenhäuser, Arzt- und Physiotherapiepraxen müssen um am Markt langfristig bestehen zu können entsprechende Gewinne erzielen. Im Detail ist der Wandel auf folgende drei Ursachen zurückzuführen:

(1) Politische Entscheidungen, in Bezug auf die Höhe des Ausgabenniveaus, begrenzen finanzielle Zuschüsse für medizinische Geräte.

(2) Der demographische Wandel, der ein immer Älterwerden der Bevölkerung, in Verbindung mit einer eher negativen wirtschaftlichen Gesamtsituation (u.a. bemessen am Bruttoinlandsprodukt- kurz BIP) erkennen lässt, führt kontrovers dazu, dass das Budget für Krankenhäuser erhöht wird. Aus diesem Grund soll die behandelnde Einrichtung anstelle einer Neuanschaffung verstärkt auf eine Instandhaltung der bereits vorhandenen gebrauchten Geräte ausweichen.

(3) Ein weiteres Kriterium für den Wandel ist der veränderte Ablauf des Beschaffungsprozesses neuer Geräte innerhalb der Krankenhäuser bzw. dessen Entscheider. War in der Vergangenheit die Kaufentscheidung eines medizinisch notwendigen Gerätes im Aufgabenbereich des Krankenhausarztes verortet (der lediglich eine Rücksprache mit der Krankenhausverwaltung hielt), fallen diese Entscheidungen zunehmend der Einkaufsabteilung zu, wobei diese eher an ökonomischen als an medizinisch notwendigen Aspekten interessiert ist.

1.2 Aspekte des Strategiewandels des Bodo Müllers

Grundlegende Anpassungsmaßnahmen sind in der Veränderung der Marketingausrichtung bzw. der Marketingadressaten und im Zusammenführen der bisher geteilten Marketingprozesse ersichtlich. Ebenso sollte der Marketinginhalt auf die verbesserte Effizienz des Krankenhauses fokussiert werden.

Im Rahmen des Change-Managements ist neben Organisationsentwicklung auch Gestaltung der kontinuierlichen Änderungsbereitschaft bzw. Transformationsfähigkeit gefordert. Das Beispiel des Plans von Bodo Müller zeigt auf, dass versucht wurde mittels einer anfänglichen Diagnose und Visualisierung der betriebswirtschaftlichen Kennziffern (auf sachlicher Ebene) den Ist – Zustand darzustellen. Das Aufzeigen bisher nicht vorhandener Leistungen macht Potentiale deutlich und dient als Verstärker den Wandel in dieser Form zu akzeptieren. Zudem sollte der nötige Rückhalt für Realisierungsmaßnahmen gegeben sein.

Als Initialzündung zur Einleitung des Strukturwandels plante Herr Müller ein geschäftsübergreifendes Projekt in dem der neue Marketingprozess auf motivierende Weise eingeführt hätte werde sollen.

Zusätzlich führte er durch die Schaffung der Arbeitsgruppe eine neue Unternehmensebene ein. In diesem Projekt sollten alle bisher eigenständigen Marketing- und Verkaufskonzepte durch ein zusammenfassendes C – Level Konzept vereint werden.

1.3 Barrieren und Widerstände

1.3.1 Barrieren

Fehlende Ressourcen und der Mangel an Knowhow können eine mögliche Barriere darstellen. Eine Ressource kann im materiellen und immateriellen Kontext betrachtet werden. Im Duden wird diese bezeichnet als „ein Bestand an Geldmitteln, Geldquelle auf die zurückgegriffen werden kann"[1].Dabei wird als erste Konkretisierung die finanzielle Ressource des Marketingbudgets genannt. In Bodo Müllers Vorhaben ist ersichtlich, dass der Wandel zeitgleich zur aktuellen Strategie erfolgen muss. Dies wiederum bedeutet höhere Kosten bzw. ein höheres Marketingbudget. Wird dieses nicht bzw. nicht im benötigten Umfang freigegeben, stört dies zusätzlich die Eingliederung.

Die organisatorische Ressource könnte das Informationssystem darstellen. Bisher arbeiteten alle VPs in ihren eigenen Abteilungen bzw. waren für ihre technischen Produkte eigenverantwortlich und eigenständig tätig. Das jeweils vorhandene Knowhow muss nun auf einer Ebene gekoppelt und verknüpft werden. Ebenso müssen Marktinformationen in

---

[1] www.duden.de

das neue System fließen und zur Verarbeitung an die jeweils bearbeitenden Stellen weitergeleitet werden. Ist in Bodo Müllers Idee dieses System nicht vollständig integriert oder fehlerhaft, ergeben sich hieraus weitere Probleme.

1.3.2 Widerstände

Anders als in den vorher betrachteten harten Fakten stellen die weichen Faktoren im Changemanagement bisweilen eine größere Rolle (Picot et al., 2012, S. 548). Speziell die menschliche Komponente hat einen großen Einfluss auf den Erfolg eines Wandels.
Konkretisiert wird das Eigeninteresse des Mitarbeiters als erstes Beispiel aufgeführt. Waren bisher die VPs für einen Bereich zuständig müssten sie in der neuen C-Levelmarketing – Struktur neue Dienstposten und Aufgaben übernehmen die der eigenen Vorstellung nicht entsprechen würde. Dieser „Widerwille" könnte zu einer teaminternen Unruhe führen, der folglich Lösungsfindungen ausbremst.
Mangelndes Verständnis und Vertrauen für die neue Unternehmung kann im Mitarbeiter Unruhe und Unsicherheit auslösen. Somit würde der Wandel im Einzelfall sogar einen Misserfolg bedeuten. Die daraus resultierende Angst könnte von einer verhaltenden Arbeitsmoral, bis hin zu einer Erkrankung oder psychischen Belastung führen, die im Ernstfall einen Ausfall dieser Person bedeuten würde. Die Folgen wären Schwächung und Kompensationsaufwand des gesamten Teams.

2 Change-Management

2.1 Gründe für das Scheitern

Für die Gestaltung eines tiefgreifenden Wandels schlägt Kotter (2015) einen Veränderungsplan in acht Stufen vor. Er vertritt die Auffassung, dass bewusstes und kompetentes Handeln mit Hilfe des Acht-Stufen-Veränderungsprozesseses Fehler verhindert oder zumindest stark minimiert (Kotter 2015, 15ff.).
Das Scheitern im Konkreten bei Bodo Müller.
Bereits in Stufe 1 erfolgte der erste Fehler, der das Scheitern begünstigte. Das Fehlen einer klaren Dringlichkeit erfolgte, jedoch wurde das Bewusstmachen einer klaren Chance versäumt. Es sollten in diesem Zuge eindeutige strategische Chancen formuliert werden um hieraus eine eindeutige Struktur zu entwickeln (Kotter, 2015 S. 89).

In Stufe 2 erfolgte der nächste Fehler der das Scheitern weiter vorantrieb. Es wurde seitens Herrn Müller kein starkes Führungsteam zusammengesetzt. Wichtig hierbei wäre die freiwillige Zuordnung zum Team gewesen, die genug Macht und Kompetenz aufwies den Wandel anzutreiben. Stattdessen wurden alle VPs zu einem Pulk ohne klare Struktur zusammengesetzt. Somit fühlte sich keiner verantwortlich weder die Initiative zu ergreifen noch ein Führsprecher für die neue Strategie zu werden.

In Stufe 3 fehlt die klare Schaffung einer richtungsweisenden Vision. Es fehlte bei der Aussage von Bodo Müller der strukturelle Aufbau einer klaren Vision. „Es muss etwas unternommen werden" ist in diesem Kontext kraftlos formuliert. Das Fehlen konkreter Inhalte über die Strategie und emotionaler Ansprache zeigen in diesem Fall ein Nichtvorhandensein eines Leitbilds auf, das den Mitarbeitern eine Richtung vorgeben könnte.

Die Problematik der fehlenden Vision führt sich fort bis in Stufe 4. Es gab keine Weitergabe und das fehlende Vorleben der Vision führte zu einem Aufkeimen und Wachstum einer Skepsis gegenüber der neuen Marketingidee. Das spiegelte sich u.a. in der Stimmung und Volition der Anwesenheit bei der Kick-off Veranstaltung wieder.

2.2 Veränderungen meistern

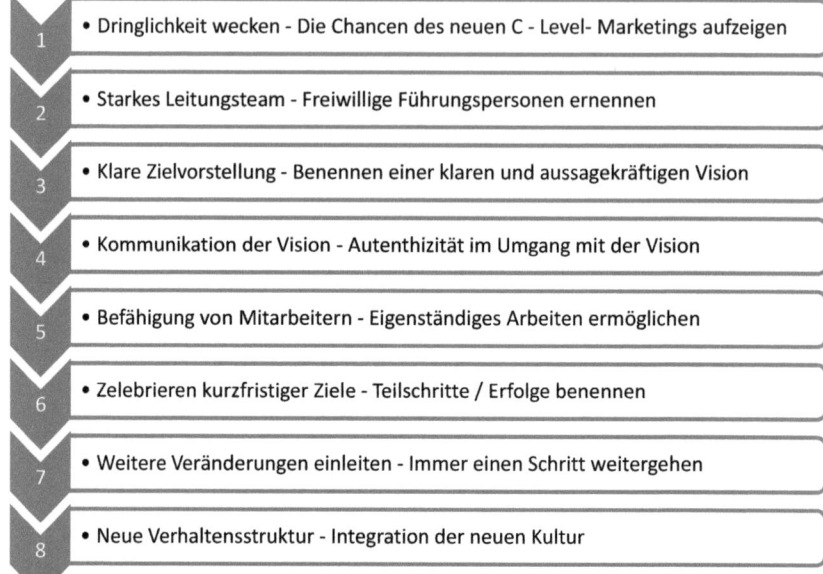

Abbildung 1: Angepasstes 8 - Stufenmodell nach Kotter

Zu 1)

Um die Initialzündung für ein Umdenken zu generieren wäre es vorteilhaft gewesen im Rahmen der Neuausrichtung der Marketingstrategie, die sich ergebenden Chancen der Gesundheits- und Medizintechnik AG hervorzuheben, um so die Eigeninitiative der VPs stärker anzusprechen und deren Motivierung zu forcieren.

Zu 2)

Das Zusammenstellen eines Teams, dessen speziell ausgewählte Teilnehmer unterschiedliche Kompetenzen mitbringen. Die Punkte Führungspersönlichkeit, Volition und Fachkompetenz spielen in der Auswahlentscheidung eine erhebliche Rolle. Eine hierarchiefreie Anordnung sorgt für eine schnelle und verlustfreie Informations- und damit einhergehende Reaktionsgeschwindigkeit. Hierbei spielt der Punkt der Freiwilligkeit eine zentrale Rolle. Mitarbeiter die aus eigener Überzeugung heraus agieren sind u.a. die Grundlage für eine erfolgreiche Systemveränderung und besitzen den für den Wandel erforderlichen Ansporn.

Zu 3)

Eine klar formulierte und starke Vision, die verdeutlicht welche Chancen im Gesamtprojekt liegen, hätte einen wesentlich stärkeren Einfluss auf die Wandelwilligkeit der eingesetzten VPs erzeugt. Eine starke Vision besitzt die Medizin und Gesundheitstechnik AG bereits. Für die Strategieimplementierung kann es einen Zusatz geben der im Speziellen als Grundsatz für die Vertriebsabteilungen gilt: „Wir bieten in unserem Sektor die schnellste und ganzheitliche Beratung an". Sie impliziert in diesem Fall die klare Markt- und Kundenorientierung auf der weitere strategische Entscheidungen getroffen und durchgeführt werden.

Zu 4)

Eine ehrliche und authentische Kommunikation der Vision hätte die Glaubwürdigkeit erhöht und vorherrschende Skepsis und Widerstände seitens der VPs minimiert. Darüber hinaus hätten die richtigen Botschaften durch positive Multiplikatoren weitere Personen überzeugen können, diesem Projekt beizuwohnen. Diese hätten zusätzlich wiederum neue Energie in das Projekt einbringen können und daraus wäre eine gewisse Eigendynamik entstanden. Ein probates Mittel wäre das Bestimmen einzelner VPs, die für die Weiterleitung der Vision und Werte verantwortlich gewesen wären. Diese hätten ebenso als Anlaufstelle für kritische oder ängstliche Mitarbeiter dienen können, um frühzeitig aufkeimende Barrieren und Widerstände zu minimieren.

Zu 5)

Im Fall Bodo Müller wäre eine schnellere Problemlösung zustande gekommen, wenn er im ersten Schritt dem Projektteam klarere Handlungsräume zugewiesen hätte. Dazu gehören das Einräumen spezifischer Ressourcen zur Problembewältigung bspw. eine eigene Ausbildungs- und Fortbildungsgruppe. Diese Gruppe sollte aus Fachkräften bestehen, die in der Lage sind ihre Fach- und Methodenkompetenz schnell und adäquat zu vermitteln.

Zu 6)

Das Projekt hätte in Teilschritte unterteilt werden können um allen Beteiligten ein gewisses Maß an Feedback zu gewährleisten. Ungeachtet ob es eine negative oder positive Rückmeldung gewesen wäre. Die Informationssammlung, -verarbeitung und -weitergabe sind Kernelemente in Prozessen, um schnell und gezielt auf Veränderungen reagieren zu können. Teilschritte sind nötig um die getroffenen Entscheidungen bewerten und ggf. neu ausrichten zu können. Darüber hinaus sind schnelle Erfolge, die in passender Form bspw. durch einen Insentive, gefeiert und gewürdigt werden ein überaus starker Antriebsschub.

Zu 7)

Aus Punkt 7 erzielte Vorgaben hätten nach Erreichen des Hauptziels als Auftakt für weitere Veränderungen oder als Bereitschaft für weitere Anpassungen kommuniziert werden müssen. Unternehmen sind von stetigem Wandel umgeben und sollten stets Initiative für Veränderungen an den Tag legen, um sich weitere Wettbewerbsvorteile zu sichern. Im Fall der Medizin- und Gesundheitstechnik AG wäre eine eigene Abteilung, die sich über die Technikentwicklung hinaus, mit den unterschiedlichen Krankheitsaufkommen befasst sinnvoll. Hieraus sollen z.b. Produkte, die zur Früherkennung bestimmter Krankheiten dienen, schneller als von Mitbewerbern entwickelt werden.

Zu 8)

Das einst geplante Versuchsprojekt müsste nun als feste Institution bzw. als Marketingkonzept übernommen werden. Die aus der Vision abgeleitete Mission dient als Basis dementsprechender Werte, die wiederum die Unternehmenskultur bildet. Daran können sich Mitarbeiter folglich orientieren. Dieser Schritt dient letztendlich als endgültige Umsetzung und Integration in das Alltagsgeschäft.

3 Strategieimplementierung

3.1 Durchsetzung (Verhaltensbezogene Aufgaben)

Abbildung 2: Strategieimplementierung Durchsetzung

3.2 Umsetzung (Sachbezogene Aufgaben)

Abbildung 3: Strategieimplementierung Umsetzung

4 Balance Scorecard

4.1 Ursache – Wirkungskette

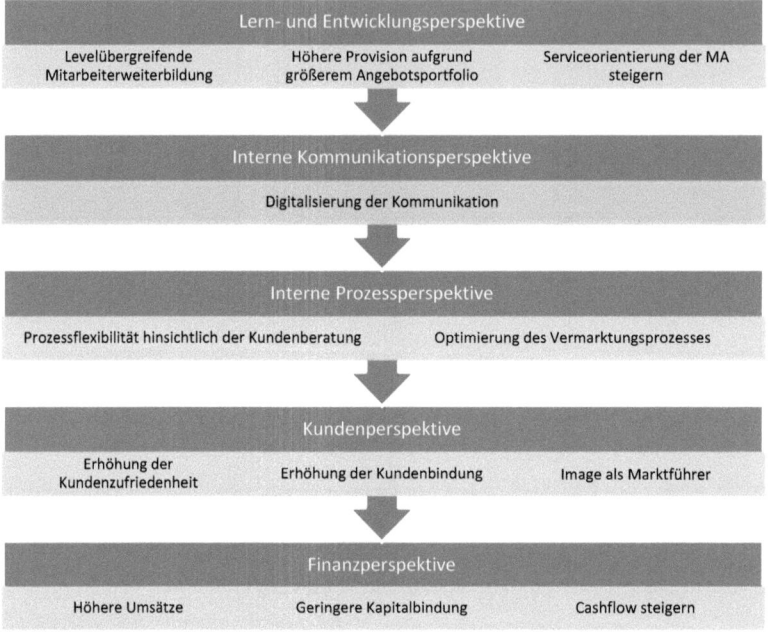

Abbildung 4: Ursache - Wirkungskette

4.2 Festlegung Ziele, Kennzahlen, Vorgaben und Maßnahmen

Tabelle 1: Strategieoperationalisierung in der Balancescorecard (nach Dillerup & Stoi, 2013b)

	Strategische Ziele	Kennzahlen	Zielwerte	Maßnahmen
Finanzen	Niedrige Kapitalbindung	Kapitalbindung	Senkung der Kapitalbindung um min. 5% pro Geschäftsjahr	- Verkürzung der Zahlungsfristen mit gleichzeitigem Angebot von Skonti

Kunden	Die Gesundheits- und Medizintechnik AG ist der beste Anbieter am Gesundheitsmarkt	Kundenzufriedenheit	Kundenzufriedenheit auf min. 90% innerhalb 12 Monate	- Ganzheitliche Lösungspakete schnell und unkompliziert erstellen - Kundenbefragung - Anzahl der Beschwerden
Prozesse	Die Gesundheits- und Medizintechnik AG ist nach dem Qualitätsstandart ISO 9001 zertifiziert	Zertifikationsstatus	Nach Beginn der Einführung innerhalb eines Jahres 100%	- Benennen eines QM – Managers mit der Fachkompetenz QM - Implementierung
Kommunikation	Die Gesundheits- und Medizintechnik AG verfügt über ein hervorragendes Kommunikationssystem	Akzeptanz und Nutzungsintensität durch Management und Mitarbeiter	Nutzung des Intranets zu min. 90% innerhalb von 3 Monaten nach Einführung	- Einführen eins unternehmensspezifischen Intranets - Inhouse Schulungen - Mitarbeiterbefragungen
Mitarbeiter	Die kompetentesten MA arbeiten bei der Gesundheits- und Medizintechnik AG	Anzahl der Weiterbildungsmaßnahmen (Tage Mitarbeiter / Jahr)	10 Weiterbildungstage / Kalenderjahr / Mitarbeiter	- Kostenübernahme der Fortbildungen

5 Unternehmensethik

5.1 Praxisbeispiel „Coca-Cola – Bezahlung von positiven Studien"

Der Softdrinkproduzent und Megakonzern Coca-Cola hat im Zuge der positiven Imageförderung für zuckerhaltige Getränke Sport – und Ernährungsinstitute gefördert. Die geförderten Institutionen wiesen deutliche Parallelen in ihrer Aussage, dass ein Zusammenhang zwischen Übergewicht und den Konsum von Softdrinks nicht besteht, auf[2].

5.2 Unternehmenswerte Coca-Cola

1. Führungsqualität: Der Mut eine bessere Zukunft zu gestalten
2. Integrität: Authentisch sein
3. Verantwortlichkeit: "Ich bin selbst dafür verantwortlich, Dinge in Gang zu setzen."
4. Zusammenarbeit: Die kollektive Intelligenz stärken
5. Innovation: Suchen, konzipieren, erschaffen, sich daran begeistern
6. Qualität: Alles, was wir tun, machen wir gut

(www.coca-cola-deutschland.de)

5.3 Wertebruch - Diskussion

Punkt eins (vgl. 5.2) steht in einer Kontroverse hinsichtlich der Gesundheitsperspektive. Von Unternehmensseite ist es vorteilhaft, das Image mit Hilfe von manipulierten Aussagen/ Studien über die Wirkung der eigenen Produkte positiv hervorzuheben. Anderseits ist die Gestaltung einer besseren Zukunft auf physiologischer Ebene in puncto Zuckerkonsum nicht förderlich. Im Gegenteil, Übergewicht ist einer der Hauptindikatoren für ein vorzeitiges Sterberisiko und bildet u.a. die Basis für Zivilisationskrankheiten wie bspw. Arteriosklerose, Diabetes Mellitus Typ II und Bluthochdruck (Karfner, 2016, S. 19 ff).

---

[2] www.huffingtonpost.de

In Punkt zwei geht Coca-Cola auf seine Authentizität ein. Im Duden wird dies u.a. mit Ehrlichkeit und Glaubwürdigkeit erklärt[3]. Diese Aussage wird durch die Manipulationsvorwürfe aufgehoben. Coca-Cola besteht immer auf die vorgelebte Transparenz und Offenheit. Dennoch gründet das Unternehmen für ca. 6,5 Mio. Euro das European Hydration Institute. Dieses Institut wirbt für Produkte, die in unabhängigen Studien als „ungünstig" eingestuft wurden. Allerdings ist Coca-Colas Vorgehensweise als fragwürdig einzustufen.

Es dementiert nicht direkt, dass seine Produkte einen negativen Einfluss auf die Körperzusammensetzung seiner Konsumenten haben. Diese Aussage wird seitens externer Einrichtungen getroffen. Coca-Cola kann sich demzufolge bei zukünftig auftretenden Problemen auf diese Studien stützen und die Schuld von sich weisen.

5.4 Konsequenzen

5.4.1 Interne Stakeholder

Eine mögliche Konsequenz für interne Stakeholder könnten Identifikationsprobleme seitens der Angestellten mit dem Unternehmen sein. Sollten die Werte Ethik, Ehrlichkeit und Offenheit einzelner Mitarbeiter sehr hoch sein, könnten diese folglich in ihrer Motivation und Leistungsfähigkeit ausgebremst werden. Gerade Mitarbeiter die ein gesundheitsbewusstes Leben führen und ihren Kindern dieses lehren, geraten in diesem Kontext in eine gewisse Erklärungsnot. Dieser Umstand kann eine zusätzliche Belastung sein.

Eine weitere Konsequenz betrifft die Managementebene die einerseits diesen Skandal aufgrund ihrer Entscheidungen ausgelöst hat und andererseits nun gezwungen ist diesen zu entschärfen bzw. zu reagieren. Zum einen gilt es die Reputation zu rehabilitieren und die Ausrichtung einer neuen Produktlinie in Form von zuckerfreien und kalorienarmen Getränken. Hier muss der Grat zwischen Eingeständnis und Einführung eines passenden Produktes gut durchdacht sein. Einerseits ist es wichtig dem körper- und gesundheitsbewussten Verbraucher ein passendes Produkt anzubieten ohne aber zuzugeben, dass die üblichen Getränke doch teilweise die Ursachen für Übergewicht sein können.

---

[3] www.duden.de

5.4.2 Externe Stakeholder

Als externen Stakeholder betrifft es die Kunden. Kunden die ausschließlich von Coca-Cola geförderten Studien wissen, konsumieren guten Glaubens weiterhin diese Produkte. Die hieraus entstehende Konsequenz, wie das beschriebene Übergewicht, könnte zu weiteren Gesundheitsproblemen bzw. Übergewicht führen[4]).

Im Zuge der zusätzlichen bzw. veränderten Produktion kalorienarmer Drinks betrifft dieser Wandel externe Stakeholder Lieferanten und Zutatenhersteller. Coca-Cola, als der größte Hersteller von Softdrinks, bezieht eine große Menge an Zutaten. In diesem Fall wären u.a. die Teile der Agrarwirtschaft betroffen, die sich mit Anbau und Ernte von Stevia spezialisiert haben. Eine erhöhte Nachfrage seitens Coca-Cola bedeutet eine gesteigerte Nachfrage und somit ein Umsatzplus für die jeweiligen Bauern und Produzenten.

---

[4] www.deutsche-wirtschaftsnachrichten.de

6 Literaturverzeichnis

Coca-Cola – Unsere Mission unsere Werte (1886).
https://www.coca-cola-deutschland.de/unternehmen/mission-und-werte (zuletzt aufgerufen am 09.01.2019 um 22:01Uhr)

Deutsche Wirtschaftsnachrichten – Publikation der der Verlagsgruppe Bonnier (2019).
https://deutsche-wirtschafts-nachrichten.de/2013/10/28/softdrinks-hauptursache-fuer-uebergewicht-und-diabetes/ (zuletzt aufgerufen am 09.01.2019 22:34 Uhr)

Duden – Deutsche Rechtschreibung online (2018).
https://www.duden.de/rechtschreibung/Ressource (zuletzt aufgerufen am 09.01.2019 um 21:40)

Huffington Post – Schnelle und spannende Nachrichten (2005).
https://www.huffingtonpost.de/2015/10/10/coca-cola-skandal-_n_8273386.html (zuletzt aufgerufen am 30.12.2018 um 12:35 Uhr)

Karfner, R., Dr.med. (2016): Fett macht krank!
Kindle edition ☺

Kotter, J. (2015): Leading Change: Wie Sie Ihr Unternehmen in acht Schritten erfolgreich machen. München. Verlag Franz Vahlen

Picot, A., Dietl, H., Frank, E., Fiedler, M., Royer, S. (2012): Organisationsentwicklung: Theorie und Praxis aus ökonomischer Sicht. Stuttgart. Schaffer-Poeschel Verlag für Wirtschaft Steuern Recht GmbH.

7 Abbildungs- und Tabellenverzeichnis

7.1 Abbildungsverzeichnis

Abbildung 1: Angepasstes 8 - Stufenmodell nach Kotter..................8
Abbildung 2: Strategieimplementierung Durchsetzung 10
Abbildung 3: Strategieimplementierung Umsetzung 11
Abbildung 4: Ursache - Wirkungskette..................12

7.2 Tabellenverzeichnis

Tabelle 1: Strategieoperationalisierung in der Balancescorecard (nach Dillerup & Stoi, 2013b)..................12

BEI GRIN MACHT SICH IHR WISSEN BEZAHLT

- Wir veröffentlichen Ihre Hausarbeit, Bachelor- und Masterarbeit

- Ihr eigenes eBook und Buch - weltweit in allen wichtigen Shops

- Verdienen Sie an jedem Verkauf

Jetzt bei www.GRIN.com hochladen und kostenlos publizieren